Nossa Senhora do
Perpétuo Socorro

Elam de Almeida Pimentel

Nossa Senhora do Perpétuo Socorro

Santa poderosa para ser invocada em todas as aflições e angústias

Novena e ladainha

Petrópolis

© 2011, Editora Vozes Ltda.
Rua Frei Luís, 100
25689-900 Petrópolis, RJ
www.vozes.com.br
Brasil

3ª edição, 2015.
1ª reimpressão, 2025.

Todos os direitos reservados. Nenhuma parte desta obra poderá ser reproduzida ou transmitida por qualquer forma e/ou quaisquer meios (eletrônico ou mecânico, incluindo fotocópia e gravação) ou arquivada em qualquer sistema ou banco de dados sem permissão escrita da editora.

CONSELHO EDITORIAL

Diretor
Volney J. Berkenbrock

Editores
Aline dos Santos Carneiro
Edrian Josué Pasini
Marilac Loraine Oleniki
Welder Lancieri Marchini

Conselheiros
Elói Dionísio Piva
Francisco Morás
Gilberto Gonçalves Garcia
Ludovico Garmus
Teobaldo Heidemann

Secretário executivo
Leonardo A.R.T. dos Santos

PRODUÇÃO EDITORIAL

Aline L.R. de Barros
Jailson Scota
Marcelo Telles
Mirela de Oliveira
Natália França
Otaviano M. Cunha
Priscilla A.F. Alves
Rafael de Oliveira
Samuel Rezende
Vanessa Luz
Verônica M. Guedes

Editoração: Fernando Sergio Olivetti da Rocha
Projeto gráfico: AG.SR Desenv. Gráfico
Capa: Omar Santos

ISBN 978-85-326-4055-0

Este livro foi composto e impresso pela Editora Vozes Ltda.

Sumário

1 Apresentação, 7
2 Tradição sobre Nossa Senhora do Perpétuo Socorro, 9
3 Novena de Nossa Senhora do Perpétuo Socorro, 12
   1º dia, 12
   2º dia, 13
   3º dia, 15
   4º dia, 16
   5º dia, 17
   6º dia, 19
   7º dia, 20
   8º dia, 21
   9º dia, 23
4 Orações, 25

5 Ladainha de Nossa Senhora do
  Perpétuo Socorro, 27

APRESENTAÇÃO

A devoção a Nossa Senhora do Perpétuo Socorro começou a ser propagada a partir de 1870. A imagem representativa de Nossa Senhora do Perpétuo Socorro é uma pintura do século XIII, de estilo bizantino, retratada em um quadro que foi levado da Ilha de Creta, na Grécia, para Roma por um comerciante.

Nesse quadro a Virgem Maria foi representada a meio corpo, segurando o Menino Jesus nos braços. O Menino segura forte a mão da Mãe e observa, assustado, dois anjos que lhe mostram os elementos de sua Paixão. São os arcanjos Gabriel e Miguel que flutuam acima dos ombros de Maria.

Maria e o Menino Jesus têm uma auréola em volta da cabeça e usam uma coroa aberta. Ao alto, dos dois lados do quadro, estão umas letras do alfabeto grego.

Nossa Senhora do Perpétuo Socorro é venerada também como "Virgem da Paixão", "Madona de Ouro", "Mãe dos Missionários Redentoristas", "Mãe dos Lares Católicos", sendo que, no Ocidente, é conhecida como "Mãe do Perpétuo Socorro". Sua festa comemorativa é em 27 de junho e é invocada nas dores e nas angústias, sendo o perpétuo socorro de todos nós.

Este livrinho contém a tradição de Nossa Senhora do Perpétuo Socorro, sua novena, orações e ladainha, como também passagens bíblicas, seguidas de oração para o pedido da graça especial, acompanhada de um Pai-nosso, uma Ave-Maria e um Glória-ao-Pai.

Tradição sobre Nossa Senhora do Perpétuo Socorro

Na Ilha de Creta havia um quadro da Virgem Maria muito venerado pelos milagres atribuídos à Virgem. Um negociante roubou o quadro e, pensando no dinheiro que receberia por ele em Roma, para lá viajou. Durante o percurso o navio foi atingido por uma tempestade que ameaçava afundá-lo. Os tripulantes, sem saber da presença do quadro, rezaram à Virgem Maria e a tormenta passou.

Após a morte do ladrão a Virgem Maria apareceu a uma menina, filha da mulher que guardava o quadro em sua casa, avisando que a imagem de Santa Maria do Perpétuo Socorro deveria ser colocada numa igreja. O quadro foi então solenemente entronizado na Capela de São Mateus, em Roma, no ano de 1499, e ali permaneceu por décadas.

Em 1739 os agostinianos eram os responsáveis por essa igreja e pelo convento anexo, e todos veneravam Nossa Senhora do Perpétuo Socorro. Mais tarde eles foram designados para a Igreja de Santa Maria em Posterula, também em Roma, e para lá seguiu o quadro. Mas ali já se venerava Nossa Senhora da Graça. O quadro foi então colocado numa capela interna e, com o passar do tempo, foi esquecido.

Um agostiniano idoso remanescente do antigo convento e devoto de Nossa Senhora do Perpétuo Socorro contou a história do quadro milagroso a um jovem coroinha. Dois anos depois da morte deste agostiniano os padres redentoristas compraram uma propriedade em Roma para estabelecer a Casa da Congregação, fundada por Santo Afonso de Ligório. Era o local onde existira a Igreja de São Mateus. E um dos religiosos (o coroinha) encontrou documentos relativos a uma imagem da Virgem Maria retratada em um quadro. Achado o quadro, ele foi conduzido ao seu atual santuário por ordem do Papa Pio IX com a seguinte recomendação: "Fazei com que todo o mundo a conheça". Outras cópias seguiram com esses missionários para a divulgação da devoção a partir das novas províncias redentoristas instaladas por todo o mundo.

No Brasil, a devoção a Nossa Senhora do Perpétuo Socorro chegou por intermédio dos padres da Congregação do Santíssimo Redentor, em 1893. Quanto ao título de Nossa Senhora do Perpétuo Socorro, foi a própria Virgem que o usou, falando à menina a quem apareceu.

NOVENA DE NOSSA SENHORA DO PERPÉTUO SOCORRO

1º dia

Iniciemos com fé este primeiro dia de nossa novena, invocando a presença da Santíssima Trindade: em nome do Pai, do Filho e do Espírito Santo. Amém.

Leitura do Evangelho: Jo 1,1-4

No princípio era a Palavra e a Palavra estava com Deus, e a Palavra era Deus. No princípio ela estava com Deus. Todas as coisas foram feitas por meio dela e sem ela nada se fez do que foi feito. Nela estava a vida, e a vida era a luz dos seres humanos.

Reflexão

A palavra, que junto de Deus criara a terra, o mar, o céu, criou também sua Mãe,

Maria. Ela foi escolhida, foi predestinada para ser Mãe do Filho de Deus. Assim, toda a existência de Maria, Nossa Senhora, é uma plena comunhão com seu Filho, Jesus. Por isso, confiemos em Nossa Senhora, Mãe de Jesus, Mãe do Perpétuo Socorro.

Oração

Nossa Senhora do Perpétuo Socorro, vós sois nossa mãe por Deus concedida. Socorrei-me neste momento alcançando-me a graça que a vós suplico... (falar a graça a ser alcançada).

Pai-nosso.
Ave-Maria.
Glória-ao-Pai.

Nossa Senhora do Perpétuo Socorro, intercedei por nós.

2º dia

Iniciemos com fé este segundo dia de nossa novena, invocando a presença da Santíssima Trindade: em nome do Pai, do Filho e do Espírito Santo. Amém.

Leitura do Evangelho: Lc 1,28
...Entrando onde ela estava, o anjo lhe disse: "Alegra-te, cheia de graça, o Senhor está contigo!"

Reflexão
Em Nossa Senhora está a plenitude da graça. Ela é a mais perfeita e amada entre todas as criaturas de Deus. Ela é a soberana, é a Mãe nossa concedida por Deus que nos acode em nossas necessidades.

Oração
Ó Mãe querida, meu Perpétuo Socorro. A vós deposito toda minha confiança no alcance da graça que vos suplico... (falar a graça que se deseja alcançar).
Pai-nosso.
Ave-Maria.
Glória-ao-Pai.
Nossa Senhora do Perpétuo Socorro, intercedei por nós.

3º dia

Iniciemos com fé este terceiro dia de nossa novena, invocando a presença da Santíssima Trindade: em nome do Pai, do Filho e do Espírito Santo. Amém.

Leitura do Evangelho: Lc 1,46-47
> ...Então Maria disse: "Minha alma engrandece o Senhor e rejubila meu espírito em Deus, meu Salvador".

Reflexão

Nossa Senhora concordou em participar do plano divino, confiando plenamente no Criador, entregando-se inteira e humildemente a Deus. Ela esteve presente em todos os momentos da vida de Jesus, silenciosa, mas mostrando sua força e poder.

Oração

Nossa Senhora do Perpétuo Socorro, glorificamos a Deus por vos ter dado a nós como Mãe. Vós sois nossa esperança e consolação. Peço vossa intercessão para... (falar o problema que está enfrentando).

Pai-nosso.
Ave-Maria.
Glória-ao-Pai.

Nossa Senhora do Perpétuo Socorro, intercedei por nós.

4º dia

Iniciemos com fé este quarto dia de nossa novena, invocando a presença da Santíssima Trindade: em nome do Pai, do Filho e do Espírito Santo. Amém.

Leitura do Evangelho: Lc 1,48
> ...Porque olhou para a humildade de sua serva. Eis que de agora em diante me chamarão feliz todas as gerações.

Reflexão

Nossa Senhora é a serva do Senhor, a que se fez pequena para que nela resplandecesse a glória, a esperança e o refúgio de todos nós, cristãos. Ela é amor, misericórdia, fortaleza, acolhimento, nosso perpétuo socorro.

Oração
Nossa Senhora do Perpétuo Socorro, vós que ouvíeis todos os aflitos, amenizando seu sofrimento, socorrei-me neste difícil momento de minha vida... (pedir a graça que se deseja alcançar).

Pai-nosso.
Ave-Maria.
Glória-ao-Pai.

Nossa Senhora do Perpétuo Socorro, intercedei por nós.

5º dia

Iniciemos com fé este quinto dia de nossa novena, invocando a presença da Santíssima Trindade: em nome do Pai, do Filho e do Espírito Santo. Amém.

Leitura do Evangelho: Jo 15,3-4
> Vós já estais limpos por causa da palavra que vos tenho anunciado. Per-

manecei em mim e eu permanecerei em vós.

Reflexão

O caminho que nos leva a Jesus é Maria. Ela deve ser nossa morada como foi a morada de Jesus durante nove meses. Seguindo Maria, estaremos sempre no caminho de Jesus. Entreguemos nossas preocupações e necessidades a Maria e ela nos socorrerá.

Oração

Nossa Senhora do Perpétuo Socorro, entrego a vós meus problemas... (falar o motivo das preocupações). Recorro a vós suplicando a paz que tanto necessito.

Pai-nosso.
Ave-Maria.
Glória-ao-Pai.
Nossa Senhora do Perpétuo Socorro, intercedei por nós.

6º dia

Iniciemos com fé este sexto dia de nossa novena, invocando a presença da Santíssima Trindade: em nome do Pai, do Filho e do Espírito Santo. Amém.

Leitura do Evangelho: Jo 14,5-6

Tomé disse-lhe: "Senhor, não sabemos para onde vais, como podemos conhecer o caminho?" Jesus respondeu: "Eu sou o caminho, a verdade e a vida. Ninguém vem ao Pai senão por mim".

Reflexão

Jesus é o Caminho, a Verdade e a Vida. Ele nasceu de Maria e a ela Ele concedeu poderes. Ela pode nos ensinar a vencer o mal, a derrotar os inimigos, sendo sempre nosso consolo e perpétuo socorro.

Oração

Nossa Senhora do Perpétuo Socorro, Mãe minha. Derramai sobre minha família vossas bênçãos. Apresentai a vosso amado Filho a graça de que tanto necessito... (pede-se a graça a ser alcançada).

Pai-nosso.
Ave-Maria.
Glória-ao-Pai.
Nossa Senhora do Perpétuo Socorro, intercedei por nós.

7º dia

Iniciemos com fé este sétimo dia de nossa novena, invocando a presença da Santíssima Trindade: em nome do Pai, do Filho e do Espírito Santo. Amém.

Leitura bíblica: Gn 3,15

> Porei inimizade entre ti e a mulher, entre a tua descendência e os descendentes dela. Eles te ferirão a cabeça, e tu lhes ferirás o calcanhar.

Reflexão

O homem e a mulher emaranhados no pecado sentem-se perdidos. Maria Santíssima é quem pode conduzir os pecadores novamente a encontrar o Caminho, a Verdade e a Vida, pois dela nascerá o Salvador da humanidade. Ela conduz nossas vidas, dando-nos a força necessária para chegarmos a Jesus.

Oração

Nossa Senhora do Perpétuo Socorro, ajudai-me a não reincidir em minhas culpas. Defendei-me de todas as tentações. Socorrei-me, concedendo-me a graça de... (pede-se a graça).

Pai-nosso.

Ave-Maria.

Glória-ao-Pai.

Nossa Senhora do Perpétuo Socorro, intercedei por nós.

8º dia

Iniciemos com fé este oitavo dia de nossa novena, invocando a presença da Santíssima Trindade: em nome do Pai, do Filho e do Espírito Santo. Amém.

Leitura do Evangelho: Jo 1,16-17

...Pois da sua plenitude todos nós recebemos graça sobre graça. Porque a Lei foi dada por meio de Moisés, a graça e a verdade vieram por Jesus Cristo.

Reflexão

No Antigo Testamento, graça era algo concreto: água, comida, saúde, muitos filhos, vitória nas guerras. Graça é tudo isso e também amor, paz, alegria, fé, vida. Deus nos enviou seu Filho Jesus para conhecermos a verdade e viver no amor de Deus. A verdade nos afasta de nossos medos, angústias, e o amor nos protege nos dando segurança e coragem.

Oração

Nossa Senhora do Perpétuo Socorro, graças vos dou por teu grande amor por nós, nos tendo abençoado com seu Filho Jesus. Ajuda-nos a alcançar a graça de que tanto necessito (falar a graça que se deseja alcançar).

Pai-nosso.
Ave-Maria.
Glória-ao-Pai.
Nossa Senhora do Perpétuo Socorro, intercedei por nós.

9º dia

Iniciemos com fé este nono dia de nossa novena, invocando a presença da Santíssima Trindade: em nome do Pai, do Filho e do Espírito Santo. Amém.

Nossa Senhora do Perpétuo Socorro, rogai a Jesus:

Pela paz em todas as famílias.

Pelos pobres, marginalizados, injustiçados e oprimidos.

Pelos doentes e pelos que sofrem.

Por todos os que precisam de vossa ajuda e proteção.

Nossa Senhora do Perpétuo Socorro, vós sois a Mãe de Deus e vossa vida foi de dor e sofrimento. Ensinai-me a aceitar com resignação meus sofrimentos. Amparai-me na hora da morte.

Nossa Senhora do Perpétuo Socorro, durante a novena eu expus minhas preocupações, necessidades e angústias a vós. Neste último dia, quero vos louvar e agradecer todas as graças e benefícios que, por vossa intercessão, vier a alcançar.

Pai-nosso.
Ave-Maria.
Glória-ao-Pai.
Nossa Senhora do Perpétuo Socorro, intercedei por nós.

Orações

Oração 1

(Para ser recitada após cada dia da novena.)
Ó Virgem Maria, Rainha de amor,
Vós sois a Mãe Santa de Cristo Senhor!
Nas dores e nas angústias, nas lutas da vida,
Vós sois a Mãe nossa por Deus concedida
Perpétuo Socorro vós sois, Mãe querida!
Vossos filhos suplicam socorro na vida.
Amparai-me e dai-me hoje a graça que vos peço... (falar a graça que se deseja alcançar).

Oração 2

Lembrai-vos, ó puríssima Virgem, que nunca se ouviu dizer que algum daqueles a quem a vós tem recorrido, implorado a vossa proteção e socorro fosse por vós desamparado. Eu, com total confiança, a vós recorro e suplico que não desprezeis as minhas súplicas... (falar as graças que se quer alcançar).

Nossa Senhora do Perpétuo Socorro, Mãe carinhosa, minha esperança, vinde em meu socorro. Amém.

5

LADAINHA DE NOSSA SENHORA DO PERPÉTUO SOCORRO

Senhor, tende piedade de nós.
Jesus Cristo, tende piedade de nós.
Senhor, tende piedade de nós.

Jesus Cristo, escutai-nos.
Jesus Cristo, atendei-nos.

Pai Celeste, que sois Deus, tende piedade de nós.
Deus Filho, Redentor do mundo, tende piedade de nós.
Deus Espírito Santo, tende piedade de nós.
Santíssima Trindade, que sois um só Deus, tende piedade de nós.

Santa Maria, Rainha dos Mártires, rogai por nós.

Nossa Senhora do Perpétuo Socorro, Mãe de Jesus, rogai por nós.

Nossa Senhora do Perpétuo Socorro, nossa mãe querida, rogai por nós.

Nossa Senhora do Perpétuo Socorro, mãe da misericórdia, rogai por nós.

Nossa Senhora do Perpétuo Socorro, rainha do amor, rogai por nós.

Nossa Senhora do Perpétuo Socorro, socorro dos doentes, rogai por nós.

Nossa Senhora do Perpétuo Socorro, guia do nosso caminho, rogai por nós.

Nossa Senhora do Perpétuo Socorro, luz da nossa vida, rogai por nós.

Nossa Senhora do Perpétuo Socorro, rainha da paz, rogai por nós.

Nossa Senhora do Perpétuo Socorro, consolo nosso, rogai por nós.

Nossa Senhora do Perpétuo Socorro, chama da esperança, rogai por nós.

Nossa Senhora do Perpétuo Socorro, refúgio nas aflições, rogai por nós.

Nossa Senhora do Perpétuo Socorro, nosso perpétuo socorro, rogai por nós.

Nossa Senhora do Perpétuo Socorro, defensora nossa, rogai por nós.

Nossa Senhora do Perpétuo Socorro, Virgem da Paixão, rogai por nós.

Nossa Senhora do Perpétuo Socorro, mãe dos missionários redentoristas, rogai por nós.

Nossa Senhora do Perpétuo Socorro, mãe guardiã, rogai por nós.

Nossa Senhora do Perpétuo Socorro, mãe defensora, rogai por nós.

Nossa Senhora do Perpétuo Socorro, rainha da família, rogai por nós.

Cordeiro de Deus, que tirais os pecados do mundo, perdoai-nos Senhor.

Cordeiro de Deus, que tirais os pecados do mundo, atendei-nos Senhor.

Cordeiro de Deus, que tirais os pecados do mundo, tende piedade de nós, Senhor.

Jesus Cristo, ouvi-nos.
Jesus Cristo, atendei-nos.

Rogai por nós, Nossa Senhora do Perpétuo Socorro,
Para que sejamos dignos das promessas de Cristo.

Conecte-se conosco:

- **f** facebook.com/editoravozes
- **[Instagram]** @editoravozes
- **X** @editora_vozes
- **[YouTube]** youtube.com/editoravozes
- **[WhatsApp]** +55 24 2233-9033

www.vozes.com.br

Conheça nossas lojas:
www.livrariavozes.com.br

Belo Horizonte – Brasília – Campinas – Cuiabá – Curitiba
Fortaleza – Juiz de Fora – Petrópolis – Recife – São Paulo

  Vozes de Bolso

EDITORA VOZES LTDA.
Rua Frei Luís, 100 – Centro – Cep 25689-900 – Petrópolis, RJ
Tel.: (24) 2233-9000 – E-mail: vendas@vozes.com.br